Mein Rechtschreibheft 1

Dieses Heft gehört:

Ruth Dolenc-Petz/Christel Fisgus/
Gertrud Kraft/Edeltraud Röbe/Heinrich Röbe

Ernst Klett Verlag
Stuttgart · Leipzig

Inhalt

Laute 1

1 Sprich die Wörter deutlich.
Male für jeden Laut einen Kreis.

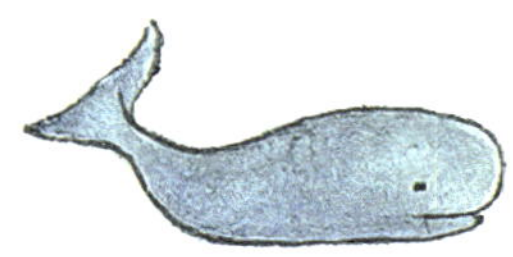

1 Sprich die Wörter deutlich.
Male für jeden Laut einen Kreis.

  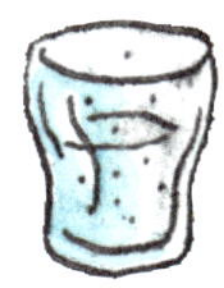 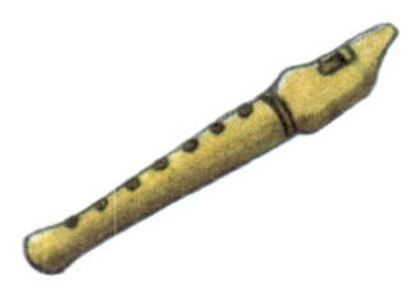

Laute und Buchstaben 1

1 Welcher Laut klingt am Wortanfang?
Schreibe den Buchstaben.

A    

 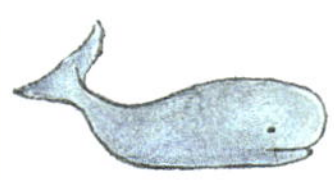  

2 Welcher Laut klingt am Wortanfang und am Wortende?
Schreibe den Buchstaben.

H  e      

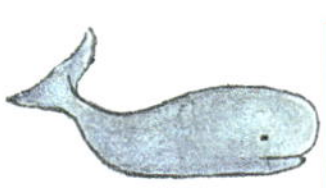  

Laute und Buchstaben 2

1 Sprich die Wörter deutlich. Male für jeden Laut einen Kreis.
Schreibe die Wörter auf.

Krone

Selbstlaute 1

1 Welcher Laut klingt am Wortanfang?
Schreibe den Buchstaben.

A  □  □  □ 

□  □  □  □ 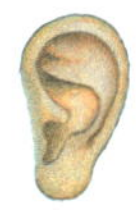

2 Setze die fehlenden Selbstlaute ein.
Schreibe das Wort.

V o g e l
Vogel

H □ s □

T □ l □ f □ n

B □ n □ n □

B □ rn □

G □ rk □

R □ k □ t □

P □ lm □

L □ n □ □ l

Selbstlaute 2

1 Sprich die Wörter deutlich. Male für jeden Laut einen Kreis.
Schreibe die Wörter auf.

die 

OOOO

Ente

die 

der 

die 

das 

die 

das 

die 

der 

die 

die 

der 

die 

der 

die 

die 

1 Sprich die Wörter deutlich. Setze o, a, u oder die Umlaute ein.

ein V_gel   ein _st   ein H_t

viele V_gel   viele _ste   viele H_te

2 Schreibe die Wörter aus Aufgabe 1 ab.

3 Schreibe die Wörter in der Mehrzahl auf. Kennzeichne die Umlaute.

ein Buch - viele

eine Bank - viele

ein Ton - viele

4 Setze die Wörter in der Mehrzahl ein.

Viele ____ sind ein Satz.
Wort

Viele ____ sind ein Buch.
Satz

Viele ____ sind eine Bücherei.
Buch

Umlaute

1 Sprich die Wörter deutlich. Setze die Umlaute ein.

die Tür, der G_rtel, der L_we, der K_fer

der B_r, der K_fig, die Fl_te, der K_se

der K_nig, die R_be, die T_te, die Tr_ne

2 Schreibe die Wörter aus Aufgabe 1 ab.

die Tür,

1 Mache zu diesen Wörtern Silben-Musik.
Zeichne die Silbenbögen ein.

Ta fel

Fe der

Wol ke

Ball

Te le fon

Kak tus

Ba na ne

Hund

Hut

Le der ho se

Re gen bo gen

Wal

2 Schreibe die Wörter geordnet auf.

1 Silbe	
2 Silben	Tafel,
3 Silben	
4 Silben	

1 Schreibe die Wörter auf.
Zeichne die Silbenbögen ein.

Birne

2 Kennzeichne in Aufgabe 1 die Selbstlaute und Umlaute.

3 Setze die Silben zu Wörtern zusammen.
Zeichen die Silbenbögen ein.

Am	Fens	Lö	Blü	Do	Gar
te	we	pel	ter	ten	se

 die Ampel

 das

 der

 die

 die

 der

Prüfe dich selbst!

1 Sprich die Wörter deutlich.
Male für jeden Laut einen Kreis.

2 Welcher Laut klingt am Wortanfang und am Wortende?
Schreibe den Buchstaben.

3 Sprich die Wörter deutlich. Male für jeden Laut einen Kreis.
Schreibe die Wörter auf.

der  die  die  das 

4 Kennzeichne die Selbstlaute und Umlaute.

Rose Käfer Igel Ufer Bus Ananas

5 Zeichne die Silbenbögen ein.

Melone Pausenbrot Wal

Mitsprechwörter 1

1 Sprich die Wörter deutlich. Schreibe sie auf.

die  die  das  die 

Wolke

der  die  der 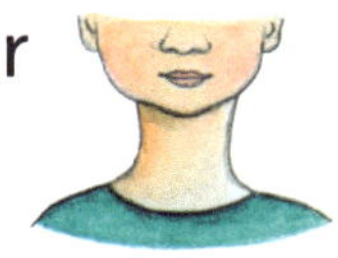 der 

das  die  das  die 

2 Sprich deutlich und schreibe. Halte Abstand zwischen den Wörtern.

Lisa malt Blumen.

Ali hilft Mona.

Flo ruft Krok.

Mitsprechwörter 2

1. Ich spreche deutlich.
2. Ich spreche in Silben.
3. Ich stelle mir das Wort vor.
4. Ich schreibe und spreche mit.
5. Ich kontrolliere.

1 Schreibe auf, was du im Schaufenster siehst. Schreibe die Wörter mit Begleiter.

2 Zeichne die Silbenbögen ein.

3 Was wünschst du dir?

Mitsprechwörter 3

1 Schreibe das passende Tunwort zum Bild. Die Wörter im Kasten helfen dir.

b  baden

h 

r 

l 

m 

h 

t 

r 

b 

w 

baden, basteln, heben, hören, lesen, malen, rasen, rufen, turnen, werfen

Mitsprechwörter: ch ist ein Laut

1 Sprich die Wörter deutlich. Male für jeden Laut einen Kreis.
Schreibe die Wörter auf.

das  der  das  die 

○ ○ ○

Dach

der  die  der  das 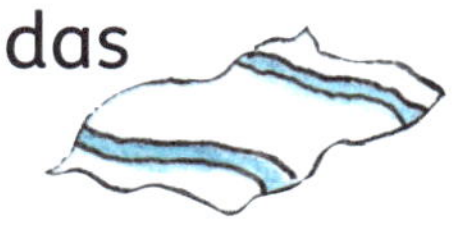

2 Kennzeichne die Reimwörter mit der gleichen Farbe.

Buch	mich	nicht	Nacht
dich	Tuch	acht	Licht

3 Schreibe die Reimwörter aus Aufgabe 2 geordnet auf.

mich
↓
dich

1 Sprich die Wörter deutlich. Male für jeden Laut einen Kreis.
Schreibe die Wörter auf.

der 

○ ○○

Schal

der 

die 

die 

der 

das 

die 

der 

2 Schreibe das Bild zum Wort. Die Wörter im Kasten helfen dir.

schl 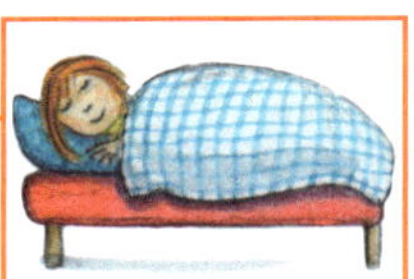 schlafen

sch 

w 

d 

duschen, schauen, schlafen, waschen

Namen

1 In deiner Klasse kennst du die Namen aller Kinder. Schreibe zehn Namen auf. Frage nach, wie sie geschrieben werden.

2 Schreibe deinen Namen.
Male und schreibe dazu, was für dich wichtig ist.

1 Es gibt Namenwörter für Menschen, Tiere, Pflanzen und Dinge.
Schreibe die Namenwörter geordnet auf.

Namenwörter für Menschen

Lehrerin,

Namenwörter für Tiere

Namenwörter für Pflanzen

Namenwörter für Dinge

2 Male die Namen für Menschen rot, für Tiere blau, für Pflanzen grün und für Dinge gelb an.

die Mutter	der Knopf	der Baum	die Biene
das Lineal	der Sohn	die Schlange	das Gras
die Tasche	der Käfer	das Mädchen	der Kaktus
das Nashorn	das Auto	der Busch	der Zauberer

Namenwörter: Begleiter

1 Schreibe die Namenwörter mit ihren Begleitern auf. Die Wörter im Kasten helfen dir.

die Tafel, eine Tafel

2 Male die Zeichen für die Wortarten zu den Wörtern.

das Buch, das Heft, das Kind, die Lehrerin, der Stuhl, die Tafel,
die Tasche, der Tisch

1 Schreibe die Namenwörter in Einzahl und Mehrzahl auf.

2 Male die Zeichen für die Wortarten zu den Wörtern.

Prüfe dich selbst!

1 Schreibe die Namenwörter zu den Bildern.

2 Schreibe das Tunwort.

d 

t 

s 

3 Male die Namen für Menschen rot,
für Tiere blau,
für Pflanzen grün,
für Dinge gelb an.

der Papa	der Baum	die Mama	der Busch
die Blume	das Mädchen	die Rose	der Opa
das Krokodil	die Uhr	das Lineal	der Esel
die Tasche	der Papagei	die Fliege	das Haus

4 Schreibe die Namenwörter in der Mehrzahl auf.

die Dose

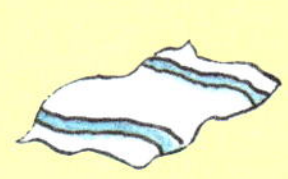
das Tuch

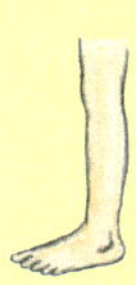
das Bein

der Kopf

1 Spure die Namenwörter nach.

Ampel Nudel Tafel

Nadel Pinsel Nagel

2 Kennzeichne die Endung el in den Wörtern aus Aufgabe 1.

3 Schreibe die Wörter mit el auf. Kennzeichne el.

der Vog  die Gab  der Es  der Apf 

Vogel

die Zwieb  die Wurz  der Himm  der Neb 

4 Schreibe die Reimwörter mit el auf. Kennzeichne el.

die Gabel

der Nabel 

der Pudel

der Pinsel

der Bügel

1 Spure die Namenwörter nach.

Tochter Bruder Schwester

Vater Mutter Kater

2 Kennzeichne die Endung er in den Wörtern aus Aufgabe 1.

3 Schreibe die Namenwörter mit er auf. Kennzeichne er .

der Kalend 

das Fenst 
der Füll 

Kalender

die Leit 
der Fing 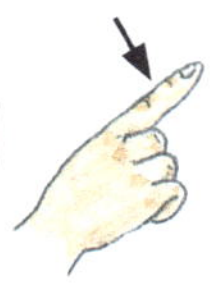
der Robot 

4 Schreibe die Reimwörter mit er auf. Kennzeichne er .

die Mutter

die Butter 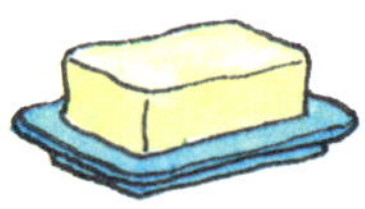

die Leiter

der Bauer

der Stecker

Wörter abschreiben

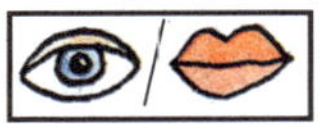 1. Sprich das Wort deutlich.

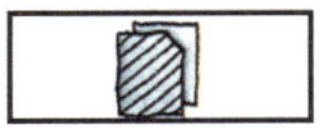 2. Decke das Wort zu.

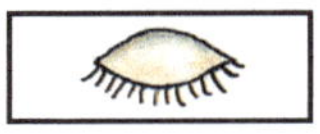 3. Stelle dir das Wort vor.

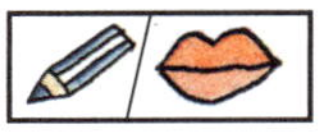 4. Schreibe das Wort auf und sprich dazu.

 5. Kontrolliere, ob jeder Buchstabe stimmt.

---

1 Schreibe die Wörter mit dem Abschreibtipp ab .

der Ast

schreiben

der Regen

malen

das Gemüse

lesen

die Raupe

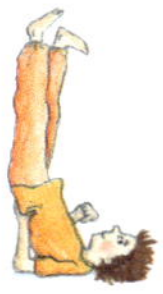
turnen

das Telefon

baden

1 Sprich die Wörter deutlich.
Male für jeden Laut einen Kreis.

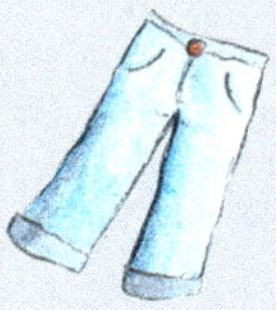   

○○○○	○○○○	○○○○○○	○○○○○○

2 Welcher Laut klingt am Wortanfang und am Wortende?
Schreibe den Buchstaben.

K  e   L  e   B  s

3 Sprich die Wörter deutlich. Male für jeden Laut einen Kreis.
Schreibe die Wörter auf.

der  die  die  das 

○○○	○○○	○○○○○	○○○○
Ast	Tür	Tafel	Nest

4 Kennzeichne die Selbstlaute und Umlaute.

Rose   Käfer   Igel   Ufer   Bus   Ananas

5 Zeichne die Silbenbögen ein.

  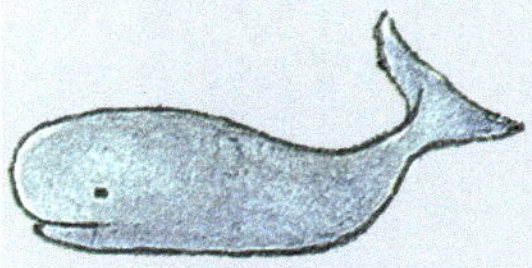

Melone   Pausenbrot   Wal

1 Schreibe die Namenwörter zu den Bildern.

Buch Tisch Elefant Schal

2 Schreibe das Tunwort.

d

t

s

duschen turnen schlafen

3 Male die Namen für Menschen rot,
für Tiere blau,
für Pflanzen grün,
für Dinge gelb an.

der Papa	der Baum	die Mama	der Busch
die Blume	das Mädchen	die Rose	der Opa
das Krokodil	die Uhr	das Lineal	der Esel
die Tasche	der Papagei	die Fliege	das Haus

4 Schreibe die Namenwörter in der Mehrzahl auf.

die Dose — die Dosen

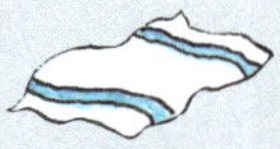
das Tuch — die Tücher

das Bein — die Beine

der Kopf — die Köpfe

1 Schreibe die Wörter auf.

der Pins  die Leit  die Nud 

der Pinsel die Leiter die Nudel

die Taf  der Brud  die Schwest 

die Tafel der Bruder die Schwester

2 Schreibe die Wörter mit Begleiter auf.

 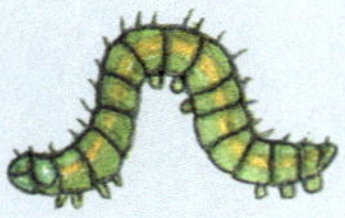  

das Eis, die Raupe, der Pfeil, das Feuer

3 Sprich die Wörter deutlich.

Entscheide: B oder P?

P  P  B 

Entscheide: D oder T?

D 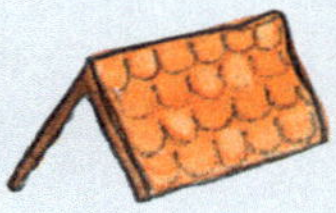 T  D 

Entscheide: G oder K?

K  G 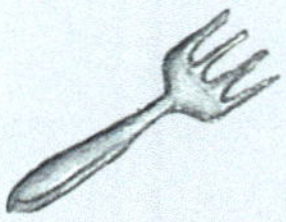 K 

4 Schreibe die Wörter mit Begleiter auf.

 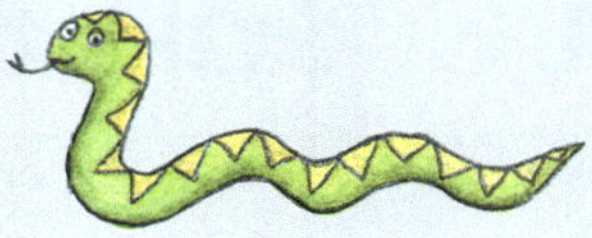 

der Engel die Schlange der Finger

1 Schreibe drei Wörter mit **Sp** oder **sp** auf.

2 Schreibe drei Wörter mit **St** oder **st** auf.

3 Schreibe zum Bild das Wort mit Begleiter.

der Turm　　die Birne　　der Schirm

4 Setze das passende Tunwort ein.

Wir turnen auf dem Boden.

Ich male ein Bild.

Ich schreibe einen Text in mein Heft.

5 Schreibe die Wörter mit **Qu** oder **qu**.

 alle　 adrat　 aken　

ark

Qualle, Quadrat, quaken, Quark

Wörter mit Au/au

1 Ergänze Au / au. Schreibe das Wort auf und kennzeichne Au / au.

 das Au to — Auto

 das H ☐ s

 die Sch ☐ kel

 die M ☐ er

 das ☐ ge

 der Z ☐ n

2 Kennzeichne die Reimwörter mit der gleichen Farbe.

aus	glauben	bauen	blau	kaufen	tauchen
fauchen	schlau	laufen	rauben	raus	schauen

3 Schreibe die Reimwörter auf.

der Raum ↓ der  Baum

der Bauer ↓ die 

die Frau ↓ der 

der Bauch ↓ der 

die Laus ↓ die 

der Traum ↓ der 

1 Ergänze Ei oder ei. Schreibe das Wort auf und kennzeichne Ei / ei.

 die L [ei] ter    der Pf [ ] l    der [ ] mer

die Leiter

 die Kr [ ] s    das S [ ] l    das [ ] s

2 Kennzeichne die Reimwörter mit der gleichen Farbe.

scheinen	klein	drei	heiß	weich	deine
zwei	weiß	meine	reich	weinen	fein

3 Schreibe die Reimwörter auf.

die Pfeife   das Beil   der Reis

die ↓  [ ]   das ↓  [ ]   der ↓  [ ]

die ↓  [ ]   der ↓  [ ]   das ↓  [ ]

Wörter mit Eu/eu

1 Ergänze Eu / eu. Schreibe das Wort auf und kennzeichne Eu / eu.

 der Eu ro

Euro

 das Flugz ___ g

 das F ___ er

 die ___ le

 die Sch ___ ne

 die B ___ le

2 Kennzeichne die Reimwörter mit der gleichen Farbe.

Feuer	Eule	Beule	treu	heute	Heu
scheu	Leute	teuer	Beule	neu	Keule

3 Ergänze die Sätze. Die Wörter im Kasten helfen dir.

Mein Füller ist ___. Er kostet ___ ___.

Das ist ___.

neun, teuer, Euro, neun

Wörter mit Pf/pf

1 Spure die Wörter nach und kennzeichne Pf / pf.

die Pfütze	der Pfau	der Topf
die Pfanne	der Zopf	der Pfeil
der Tropfen	der Kopf	tapfer
pflegen	klopfen	hüpfen

2 Setze die fehlenden Wörter ein. Die Wörter im Kasten helfen dir dabei.

Wir steigen zum  ________ des Berges.

Ein  ________ steht auf der Weide.

Am Mantel fehlt ein  ________.

Die  ________ braucht Wasser.

Auf eine Wunde klebt man ein  ________.

der Gipfel, der Knopf, das Pferd, die Pflanze, das Pflaster

B oder P am Wortanfang

1 Sprich die Wörter deutlich. Enscheide: B oder P am Wortanfang?

B   

2 Schreibe die Wörter aus Aufgabe 1 geordnet auf.

Wörter mit B	Wörter mit P
Birne	

3 Spure B/b und P/p in unterschiedlichen Farben nach.

Papagei Pepe plappert pausenlos. 

Biber Bodo bringt blaue Briefe. 

D oder T am Wortanfang

1 Sprich die Wörter deutlich. Enscheide: D oder T am Wortanfang?

D 

2 Schreibe die Wörter aus Aufgabe 1 geordnet auf.

Wörter mit D	Wörter mit T
Dach	

3 Spure D/d und T/t in unterschiedlichen Farben nach.

Drache Dodo dampft dauernd.

Tiger Toni trinkt täglich Tee.

G oder K am Wortanfang

1 Sprich die Wörter deutlich. Enscheide: G oder K am Wortanfang?

K   

2 Schreibe die Wörter aus Aufgabe 1 geordnet auf.

Wörter mit G	Wörter mit K
	Kamel

3 Spure G/g und K/k in unterschiedlichen Farben nach.

Krok kauft kleine Kängurus.

Giraffe Gundi gibt gerne Gas.

1 Löse das Rätsel und schreibe die Wörter mit Begleiter auf.

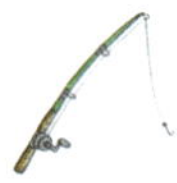 A N G E L — die Angel

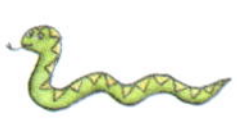

2 Schreibe die Wörter ab. Zeichne die Silbenbögen ein. Kennzeichne ng.

die Angel,

Prüfe dich selbst!

1 Schreibe die Wörter auf.

der Pins  die Leit  die Nud 

die Taf  der Brud  die Schwest 

2 Schreibe die Wörter mit Begleiter auf.

3 Sprich die Wörter deutlich.

Entscheide: B oder P ?

Entscheide: D oder T ?

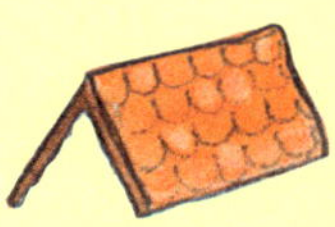  

Entscheide: G oder K ?

4 Schreibe die Wörter mit Begleiter auf.

 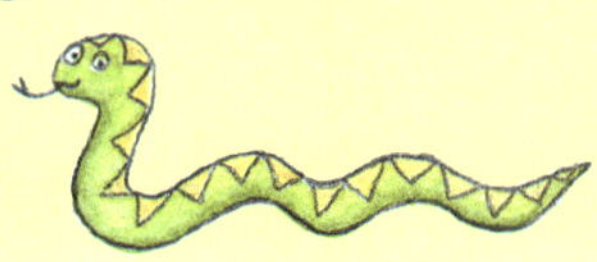 

Wörter mit St/st

1 Löse das Rätsel und schreibe die Wörter mit Begleiter auf.

 S T I F T — der Stift

2 Setze St ein und schreibe das Wort mit Begleiter auf. Kennzeichne St.

die St irn der ☐ iefel der ☐ ein der ☐ orch

die Stirn,

3 Setze st ein und schreibe das Wort auf. Kennzeichne st.

st ehen, ☐ empeln, ☐ arten, ☐ eigen

stehen,

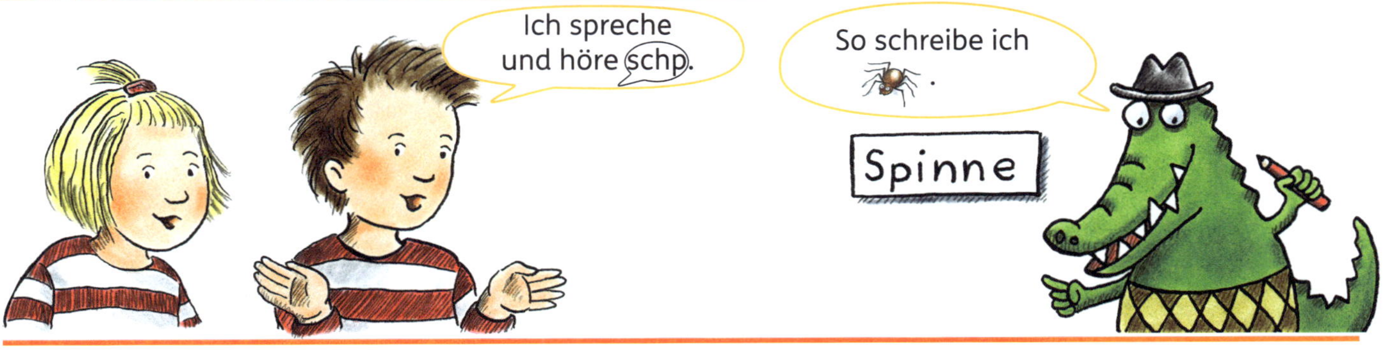

1 Kennzeichne Sp und sp.

Wir spielen im Sport.
Wir springen im Sport.
Wir laufen im Sport.

2 Schreibe die Sätze aus Aufgabe 1 ab.

3 Setze Sp ein und schreibe das Wort mit Begleiter auf. Kennzeichne Sp.

die Spinne, die ___ange, der ___iegel, der ___inat

4 Setze sp ein und schreibe das Wort auf. Kennzeichne sp.

spucken, ___aren, ___ringen, ___rechen

1 Kennzeichne die Lupenstellen.

ng   Sp sp   St st

Engel	Stift	Angel	Spinat	Ring
sprechen	stellen	spielen	stürmen	stehen
Schlange	Spinne	Storch	Sport	Zange

2 Schreibe die Wörter geordnet auf.

ng: Engel,

Sp sp:

St st:

1 Was tun die Kinder? Kennzeichne die passenden Tunwörter.

lesen wiehern schreiben tauchen nähen singen

rechnen schlafen malen fahren turnen zählen

2 Schreibe die Tunwörter aus Aufgabe 1 auf.
Male das Zeichen ● über die Tunwörter.

lesen,

Tunwörter: ich- und wir-Form

1 Schreibe die Tunwörter in verschiedenen Formen. Male das Zeichen ● zu den Tunwörtern.

rechnen

ich rechne

wir rechnen

2 Setze passende Tunwörter aus Aufgabe 1 ein.

Ich ______ schwierige Aufgaben. 

In den Ferien ______ wir lange. 

Ich ______ einen hohen Turm. 

Wir ______ gemeinsam ein Lied. 

Sätze

1 Schreibe zu jedem Bild einen Satz.

Blumen pflückt Rotkäppchen	Großmutter im Bett schläft	schleicht zum Haus der Wolf

2 Schreibe zu dem Bild einen Satz oder mehrere Sätze.

Sätze abschreiben

1. Lies den Satz. Sprich jedes Wort deutlich.
2. Wo sind Lupenstellen?
3. Decke so viele Wörter ab, wie du dir merken kannst.
4. Stelle dir die Wörter vor.
5. Schreibe auf und sprich dazu.
6. Kontrolliere, ob jedes Wort stimmt.

1 Schreibe die Sätze ab.

Die Kinder können nicht einschlafen.

Lena holt ein Buch.

Oma liest vor.

Die Kinder hören zu.

Die Geschichte ist lustig.

Auf r achten

1 Sprich die Wörter deutlich. Kennzeichne r.

 Garten

 Torte

 Kerze

 Gurke

 Birne

 Turm

 Tor

 Schirm

 Wurm

 Tür

 Berge

 Laterne

2 Schreibe jedes Wort dreimal auf. Trenne dabei in Silben, wenn es möglich ist.

Gar-ten,

Wörter mit Qu/qu

1 Kennzeichne Qu und qu.

der Fruchtquark	der Qualm	die Quelle
das Quartett	das Quadrat	die Feuerqualle
qualmen	quieken	quaken

2 Verbinde zu sinnvollen Sätzen.

Quallen 	quaken im See.
Frösche 	quieken im Stall.
Schweine 	quietschen im Haus.
Türen 	schwimmen im Meer.

3 Schreibe die Sätze ab.

4 Schreibe zu den Bildern die Wörter mit Begleiter.

Lange und kurze Selbstlaute 1

1 Sprich die Wörter deutlich. Kennzeichne den betonten Selbstlaut.

 Gabel
 Ente
 Igel
 Hose
 Puppe
 Ampel

2 In diesen Wörtern klingt der betonte Selbstlaut lang. Sprich die Wörter deutlich. Schreibe die Wörter ab und kennzeichne die betonten Selbstlaute.

 Hase
 Esel
 Dino
 Dose

Hase

 Uhr
 Gabel
 Hut
 Nase

3 In diesen Wörtern klingt der betonte Selbstlaut kurz. Sprich die Wörter deutlich. Schreibe die Wörter ab und kennzeichne die betonten Selbstlaute.

 Ball
 Heft
 Kind
 Topf

Ball

 Nuss
 Messer
 Pizza
 Stift

1 Sprich die Wörter deutlich.
Kennzeichne den betonten langen Selbstlaut mit –.
Kennzeichne den betonten kurzen Selbstlaut mit • .

Lupe

Suppe

Katze

Pulli

Vogel

Rose

Kiste

Gras

Uhr

Sonne

Messer

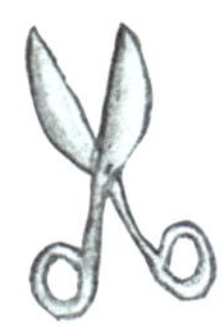
Schere

2 Schreibe die Wörter aus Aufgabe 1 geordnet auf.

–	•
Lupe	Suppe

Prüfe dich selbst!

1 Schreibe drei Wörter mit Sp oder sp auf.

2 Schreibe drei Wörter mit St oder st auf.

3 Schreibe zum Bild das Wort mit Begleiter.

4 Setze das passende Tunwort ein.

Wir ______ auf dem Boden.

Ich ______ ein Bild.

Ich ______ einen Text in mein Heft.

5 Schreibe die Wörter mit Qu oder qu.

 alle

 adrat

 aken

ark

Fehler suchen – Fehler berichtigen

1 In jeder Zeile sind zwei Fehlerwörter. Kennzeichne die Fehler.
Schreibe die Wörter richtig.

 Huse  Ast  Lanpe  Rose

 Frosch  Bume  Kone  Turm

 Aoto  bauen  Oile  Feuer

 Birne  Tach  Panane  Kiste

Wörterliste

ab
aber
acht
am
die Ameise, die Ameisen
an
die Ananas
die Angel, die Angeln
der Apfel, die Äpfel
der Ast, die Äste
auf
das Auge, die Augen
aus
das Auto, die Autos

baden
der Ball, die Bälle
die Banane, die Bananen
die Bank, die Bänke
der Bär, die Bären
basteln
der Bauch, die Bäuche
bauen
der Baum, die Bäume
bei
der Berg, die Berge
das Bett, die Betten
die Beule, die Beulen
das Bild, die Bilder
die Birne, die Birnen
blau
die Blume, die Blumen
die Bluse, die Blusen
braun
das Brot, die Brote
der Bruder, die Brüder
das Buch, die Bücher
die Butter

der Cent
der Computer, die Computer

da
das Dach, die Dächer
dann
das
der Delfin, die Delfine
der
dich
die
dir
die Dose, die Dosen
der Drache, die Drachen
drei
du
die Dusche, die Duschen
duschen

das Ei, die Eier
der Eimer, die Eimer
eins
das Eis
der Elefant, die Elefanten
der Engel, die Engel
die Ente, die Enten
er
die Erde
es
der Esel, die Esel
die Eule, die Eulen
der Euro, die Euros

die Feder, die Federn
fein
das Fenster, die Fenster
das Feuer, die Feuer
der Finger, die Finger
der Fisch, die Fische
die Flasche, die Flaschen
die Flöte, die Flöten
der Flügel, die Flügel
die Frau, die Frauen
der Freund, die Freunde
der Frosch, die Frösche
füllen
der Füller, die Füller
fünf
für

die Gabel, die Gabeln
die Gans, die Gänse
der Garten, die Gärten
die Geige, die Geigen
der Geist, die Geister
gelb
das Gemüse
der Gipfel, die Gipfel
das Glas, die Gläser
das Gras, die Gräser
grün
die Gurke, die Gurke
der Gürtel, die Gürtel
gut

Wörterliste

der **Hals**, die Hälse
der **Hase**, die Hasen
das **Haus**, die Häuser
das **Heft**, die Hefte
heiß
her
das **Heu**
der **Himmel**
hin
holen
hören
die **Hose**, die Hosen
der **Hund**, die Hunde
hüpfen
der **Hut**, die Hüte

ich
der **Igel**, die Igel
im
in
der **Indianer**, die Indianer
ins
die **Insel**, die Inseln

ja
der **Junge**, die Jungen

der **Käfer**, die Käfer
der **Käfig**, die Käfige
der **Käse**
der **Kaktus**, die Kakteen
der **Kalender**, die Kalender
kalt
das **Kamel**, die Kamele
der **Kater**, die Kater
die **Katze**, die Katzen
die **Kerze**, die Kerzen
das **Kind**, die Kinder
die **Kiste**, die Kisten
klein
die **Klingel**, die Klingeln
klopfen
der **Knopf**, die Knöpfe
der **König**, die Könige
der **Kopf**, die Köpfe
der **Kran**, die Kräne
der **Kreis**, die Kreise
das **Krokodil**, die Krokodile
die **Krone**, die Kronen
der **Kuchen**, die Kuchen

die **Lampe**, die Lampen
die **Laterne**, die Laternen
das **Laub**
laufen
die **Leiter**, die Leitern
lernen
lesen
die **Leute**
das **Licht**, die Lichter
das **Lineal**, die Lineale
der **Löwe**, die Löwen
die **Lupe**, die Lupen
lustig

malen
der **Mann**, die Männer
die **Mauer**, die Mauern
die **Maus**, die Mäuse
das **Messer**, die Messer
mich
die **Milch**
mir
mit
der **Mond**, die Monde
die **Muschel**, die Muscheln
die **Mutter**, die Mütter

die **Nacht**, die Nächte
die **Nadel**, die Nadeln
die **Nase**, die Nasen
der **Nebel**, die Nebel
nein
neu
neun
nicht
die **Note**, die Noten
die **Nudel**, die Nudeln
nun
nur
die **Nuss**, die Nüsse

oder
oft
das **Ohr**, die Ohren
der **Onkel**, die Onkel

Wörterliste

das **Paket**, die Pakete
die **Palme**, die Palmen
das **Papier**
der **Pfau**, die Pfauen
der **Pfeil**, die Pfeile
das **Pferd**, die Pferde
die **Pflanze**, die Pflanzen
pflanzen
pflegen
der **Pinguin**, die Pinguine
der **Pinsel**, die Pinsel,
der **Pirat**, die Piraten
die **Pizza**, die Pizzen
die **Puppe**, die Puppen

quaken
der **Quark**

das **Rad**, die Räder
das **Radio**, die Radios
der **Raum**, die Räume
die **Raupe** , die Raupen
rechnen
der **Regen**
reiten
der **Reiter**, die Reiter

der **Ring**, die Ringe
der **Roboter**, die Roboter
die **Rose**, die Rosen
rot
rufen

sauber
der **Salat**, die Salate
das **Schaf**, die Schafe
der **Schal**, die Schals
schauen
scheinen
der **Schirm**, die Schirme
schlafen
die **Schlange**, die Schlangen
schleichen
schon
schön
schreiben
der **Schrank**, die Schränke
die **Schule**, die Schulen
schwarz
das **Schwein**, die Schweine
die **Schwester**, die Schwestern
schwimmen
sechs
das **Seil**, die Seile
sich
sie
sieben
singen
das **Sofa**, die Sofas
die **Sonne**
sparen
das **Spiel**, die Spiele
spielen
die **Spinne**, die Spinnen
der **Sport**
sprechen
springen
stehen
der **Stein**
der **Stern**, die Sterne
der **Stiefel**, die Stiefel
der **Stift**, die Stifte
der **Storch**, die Störche

die **Tafel**, die Tafeln
die **Tante**, die Tanten
die **Tasche**, die Taschen
die **Taube**, die Tauben
das **Telefon**, die Telefone
teuer
das **Tier**, die Tiere
der **Tiger**, die Tiger
der **Tisch**, die Tische
die **Tomate**, die Tomaten
der **Topf**, die Töpfe
das **Tor**, die Tore
die **Torte**, die Torten
der **Traktor**, die Traktoren
die **Träne**, die Tränen
der **Tropfen**, die Tropfen
tropfen
das **Tuch**, die Tücher
die **Tür**, die Türen
der **Turm**, die Türme
turnen
die **Tüte**, die Tüten

üben
über
die **Uhr**, die Uhren
um
und
uns

der **Vater**, die Väter
viel
vier
der **Vogel**, die Vögel
vom
von
vor

der **Wagen**, die Wagen
der **Wal**, die Wale
wann
warm
warum
was
waschen
das **Wasser**, die Wasser
weil
weiß
wenn
wer
werfen
wie
wir
wo
die **Wolke**, die Wolken
der **Würfel**, die Würfel
der **Wurm**, die Würmer
die **Wurzel**, die Wurzeln

die **Zange**, die Zangen
der **Zaun**, die Zäune
zehn
die **Zitrone**, die Zitronen
der **Zopf**, die Zöpfe
zu
zum
zur
zwei
die **Zwiebeln**, die Zwiebeln
zwölf